PASSWORT MANAGER

WEBSEITE	
BENUTZERNAME	
PASSWORT	
NOTIZ *Kundenservice, Kundennummer oder Sicherheitsfrage*	

WEBSEITE	
BENUTZERNAME	
PASSWORT	
NOTIZ	

WEBSEITE	
BENUTZERNAME	
PASSWORT	
NOTIZ *Kundenservice, Kundennummer oder Sicherheitsfrage*	

WEBSEITE	
BENUTZERNAME	
PASSWORT	
NOTIZ	

A

WEBSEITE	
BENUTZERNAME	
PASSWORT	
NOTIZ	

WEBSEITE	
BENUTZERNAME	
PASSWORT	
NOTIZ	

WEBSEITE	
BENUTZERNAME	
PASSWORT	
NOTIZ	

WEBSEITE	
BENUTZERNAME	
PASSWORT	
NOTIZ	

A

WEBSEITE	
BENUTZERNAME	
PASSWORT	
NOTIZ	

WEBSEITE	
BENUTZERNAME	
PASSWORT	
NOTIZ	

WEBSEITE	
BENUTZERNAME	
PASSWORT	
NOTIZ	

WEBSEITE	
BENUTZERNAME	
PASSWORT	
NOTIZ	

A

WEBSEITE	
BENUTZERNAME	
PASSWORT	
NOTIZ	

WEBSEITE	
BENUTZERNAME	
PASSWORT	
NOTIZ	

WEBSEITE	
BENUTZERNAME	
PASSWORT	
NOTIZ	

WEBSEITE	
BENUTZERNAME	
PASSWORT	
NOTIZ	

A

WEBSEITE	
BENUTZERNAME	
PASSWORT	
NOTIZ	

WEBSEITE	
BENUTZERNAME	
PASSWORT	
NOTIZ	

WEBSEITE	
BENUTZERNAME	
PASSWORT	
NOTIZ	

WEBSEITE	
BENUTZERNAME	
PASSWORT	
NOTIZ	

B

WEBSEITE	
BENUTZERNAME	
PASSWORT	
NOTIZ	

WEBSEITE	
BENUTZERNAME	
PASSWORT	
NOTIZ	

WEBSEITE	
BENUTZERNAME	
PASSWORT	
NOTIZ	

WEBSEITE	
BENUTZERNAME	
PASSWORT	
NOTIZ	

B

WEBSEITE	
BENUTZERNAME	
PASSWORT	
NOTIZ	

WEBSEITE	
BENUTZERNAME	
PASSWORT	
NOTIZ	

WEBSEITE	
BENUTZERNAME	
PASSWORT	
NOTIZ	

WEBSEITE	
BENUTZERNAME	
PASSWORT	
NOTIZ	

B

WEBSEITE	
BENUTZERNAME	
PASSWORT	
NOTIZ	

WEBSEITE	
BENUTZERNAME	
PASSWORT	
NOTIZ	

WEBSEITE	
BENUTZERNAME	
PASSWORT	
NOTIZ	

WEBSEITE	
BENUTZERNAME	
PASSWORT	
NOTIZ	

B

WEBSEITE	
BENUTZERNAME	
PASSWORT	
NOTIZ	

WEBSEITE	
BENUTZERNAME	
PASSWORT	
NOTIZ	

WEBSEITE	
BENUTZERNAME	
PASSWORT	
NOTIZ	

WEBSEITE	
BENUTZERNAME	
PASSWORT	
NOTIZ	

C

WEBSEITE	
BENUTZERNAME	
PASSWORT	
NOTIZ	

WEBSEITE	
BENUTZERNAME	
PASSWORT	
NOTIZ	

WEBSEITE	
BENUTZERNAME	
PASSWORT	
NOTIZ	

WEBSEITE	
BENUTZERNAME	
PASSWORT	
NOTIZ	

C

WEBSEITE	
BENUTZERNAME	
PASSWORT	
NOTIZ	

WEBSEITE	
BENUTZERNAME	
PASSWORT	
NOTIZ	

WEBSEITE	
BENUTZERNAME	
PASSWORT	
NOTIZ	

WEBSEITE	
BENUTZERNAME	
PASSWORT	
NOTIZ	

C

WEBSEITE	
BENUTZERNAME	
PASSWORT	
NOTIZ	

WEBSEITE	
BENUTZERNAME	
PASSWORT	
NOTIZ	

WEBSEITE	
BENUTZERNAME	
PASSWORT	
NOTIZ	

WEBSEITE	
BENUTZERNAME	
PASSWORT	
NOTIZ	

C

WEBSEITE	
BENUTZERNAME	
PASSWORT	
NOTIZ	

WEBSEITE	
BENUTZERNAME	
PASSWORT	
NOTIZ	

WEBSEITE	
BENUTZERNAME	
PASSWORT	
NOTIZ	

WEBSEITE	
BENUTZERNAME	
PASSWORT	
NOTIZ	

D

WEBSEITE	
BENUTZERNAME	
PASSWORT	
NOTIZ	

WEBSEITE	
BENUTZERNAME	
PASSWORT	
NOTIZ	

WEBSEITE	
BENUTZERNAME	
PASSWORT	
NOTIZ	

WEBSEITE	
BENUTZERNAME	
PASSWORT	
NOTIZ	

D

WEBSEITE	
BENUTZERNAME	
PASSWORT	
NOTIZ	

WEBSEITE	
BENUTZERNAME	
PASSWORT	
NOTIZ	

WEBSEITE	
BENUTZERNAME	
PASSWORT	
NOTIZ	

WEBSEITE	
BENUTZERNAME	
PASSWORT	
NOTIZ	

D

WEBSEITE	
BENUTZERNAME	
PASSWORT	
NOTIZ	

WEBSEITE	
BENUTZERNAME	
PASSWORT	
NOTIZ	

WEBSEITE	
BENUTZERNAME	
PASSWORT	
NOTIZ	

WEBSEITE	
BENUTZERNAME	
PASSWORT	
NOTIZ	

D

WEBSEITE	
BENUTZERNAME	
PASSWORT	
NOTIZ	

WEBSEITE	
BENUTZERNAME	
PASSWORT	
NOTIZ	

WEBSEITE	
BENUTZERNAME	
PASSWORT	
NOTIZ	

WEBSEITE	
BENUTZERNAME	
PASSWORT	
NOTIZ	

E

WEBSEITE	
BENUTZERNAME	
PASSWORT	
NOTIZ	

WEBSEITE	
BENUTZERNAME	
PASSWORT	
NOTIZ	

WEBSEITE	
BENUTZERNAME	
PASSWORT	
NOTIZ	

WEBSEITE	
BENUTZERNAME	
PASSWORT	
NOTIZ	

E

WEBSEITE	
BENUTZERNAME	
PASSWORT	
NOTIZ	

WEBSEITE	
BENUTZERNAME	
PASSWORT	
NOTIZ	

WEBSEITE	
BENUTZERNAME	
PASSWORT	
NOTIZ	

WEBSEITE	
BENUTZERNAME	
PASSWORT	
NOTIZ	

E

WEBSEITE	
BENUTZERNAME	
PASSWORT	
NOTIZ	

WEBSEITE	
BENUTZERNAME	
PASSWORT	
NOTIZ	

WEBSEITE	
BENUTZERNAME	
PASSWORT	
NOTIZ	

WEBSEITE	
BENUTZERNAME	
PASSWORT	
NOTIZ	

E

WEBSEITE	
BENUTZERNAME	
PASSWORT	
NOTIZ	

WEBSEITE	
BENUTZERNAME	
PASSWORT	
NOTIZ	

WEBSEITE	
BENUTZERNAME	
PASSWORT	
NOTIZ	

WEBSEITE	
BENUTZERNAME	
PASSWORT	
NOTIZ	

F

WEBSEITE	
BENUTZERNAME	
PASSWORT	
NOTIZ	

WEBSEITE	
BENUTZERNAME	
PASSWORT	
NOTIZ	

WEBSEITE	
BENUTZERNAME	
PASSWORT	
NOTIZ	

WEBSEITE	
BENUTZERNAME	
PASSWORT	
NOTIZ	

F

WEBSEITE	
BENUTZERNAME	
PASSWORT	
NOTIZ	

WEBSEITE	
BENUTZERNAME	
PASSWORT	
NOTIZ	

WEBSEITE	
BENUTZERNAME	
PASSWORT	
NOTIZ	

WEBSEITE	
BENUTZERNAME	
PASSWORT	
NOTIZ	

F

WEBSEITE	
BENUTZERNAME	
PASSWORT	
NOTIZ	

WEBSEITE	
BENUTZERNAME	
PASSWORT	
NOTIZ	

WEBSEITE	
BENUTZERNAME	
PASSWORT	
NOTIZ	

WEBSEITE	
BENUTZERNAME	
PASSWORT	
NOTIZ	

F

WEBSEITE	
BENUTZERNAME	
PASSWORT	
NOTIZ	

WEBSEITE	
BENUTZERNAME	
PASSWORT	
NOTIZ	

WEBSEITE	
BENUTZERNAME	
PASSWORT	
NOTIZ	

WEBSEITE	
BENUTZERNAME	
PASSWORT	
NOTIZ	

G

WEBSEITE	
BENUTZERNAME	
PASSWORT	
NOTIZ	

WEBSEITE	
BENUTZERNAME	
PASSWORT	
NOTIZ	

WEBSEITE	
BENUTZERNAME	
PASSWORT	
NOTIZ	

WEBSEITE	
BENUTZERNAME	
PASSWORT	
NOTIZ	

G

WEBSEITE	
BENUTZERNAME	
PASSWORT	
NOTIZ	

WEBSEITE	
BENUTZERNAME	
PASSWORT	
NOTIZ	

WEBSEITE	
BENUTZERNAME	
PASSWORT	
NOTIZ	

WEBSEITE	
BENUTZERNAME	
PASSWORT	
NOTIZ	

G

WEBSEITE	
BENUTZERNAME	
PASSWORT	
NOTIZ	

WEBSEITE	
BENUTZERNAME	
PASSWORT	
NOTIZ	

WEBSEITE	
BENUTZERNAME	
PASSWORT	
NOTIZ	

WEBSEITE	
BENUTZERNAME	
PASSWORT	
NOTIZ	

G

WEBSEITE	
BENUTZERNAME	
PASSWORT	
NOTIZ	

WEBSEITE	
BENUTZERNAME	
PASSWORT	
NOTIZ	

WEBSEITE	
BENUTZERNAME	
PASSWORT	
NOTIZ	

WEBSEITE	
BENUTZERNAME	
PASSWORT	
NOTIZ	

WEBSEITE	
BENUTZERNAME	
PASSWORT	
NOTIZ	

WEBSEITE	
BENUTZERNAME	
PASSWORT	
NOTIZ	

WEBSEITE	
BENUTZERNAME	
PASSWORT	
NOTIZ	

WEBSEITE	
BENUTZERNAME	
PASSWORT	
NOTIZ	

H

WEBSEITE	
BENUTZERNAME	
PASSWORT	
NOTIZ	

WEBSEITE	
BENUTZERNAME	
PASSWORT	
NOTIZ	

WEBSEITE	
BENUTZERNAME	
PASSWORT	
NOTIZ	

WEBSEITE	
BENUTZERNAME	
PASSWORT	
NOTIZ	

WEBSEITE	
BENUTZERNAME	
PASSWORT	
NOTIZ	

WEBSEITE	
BENUTZERNAME	
PASSWORT	
NOTIZ	

WEBSEITE	
BENUTZERNAME	
PASSWORT	
NOTIZ	

WEBSEITE	
BENUTZERNAME	
PASSWORT	
NOTIZ	

H

WEBSEITE	
BENUTZERNAME	
PASSWORT	
NOTIZ	

WEBSEITE	
BENUTZERNAME	
PASSWORT	
NOTIZ	

WEBSEITE	
BENUTZERNAME	
PASSWORT	
NOTIZ	

WEBSEITE	
BENUTZERNAME	
PASSWORT	
NOTIZ	

WEBSEITE	
BENUTZERNAME	
PASSWORT	
NOTIZ	

WEBSEITE	
BENUTZERNAME	
PASSWORT	
NOTIZ	

WEBSEITE	
BENUTZERNAME	
PASSWORT	
NOTIZ	

WEBSEITE	
BENUTZERNAME	
PASSWORT	
NOTIZ	

WEBSEITE	
BENUTZERNAME	
PASSWORT	
NOTIZ	

WEBSEITE	
BENUTZERNAME	
PASSWORT	
NOTIZ	

WEBSEITE	
BENUTZERNAME	
PASSWORT	
NOTIZ	

WEBSEITE	
BENUTZERNAME	
PASSWORT	
NOTIZ	

WEBSEITE	
BENUTZERNAME	
PASSWORT	
NOTIZ	

WEBSEITE	
BENUTZERNAME	
PASSWORT	
NOTIZ	

WEBSEITE	
BENUTZERNAME	
PASSWORT	
NOTIZ	

WEBSEITE	
BENUTZERNAME	
PASSWORT	
NOTIZ	

WEBSEITE	
BENUTZERNAME	
PASSWORT	
NOTIZ	

WEBSEITE	
BENUTZERNAME	
PASSWORT	
NOTIZ	

WEBSEITE	
BENUTZERNAME	
PASSWORT	
NOTIZ	

WEBSEITE	
BENUTZERNAME	
PASSWORT	
NOTIZ	

J

WEBSEITE	
BENUTZERNAME	
PASSWORT	
NOTIZ	

WEBSEITE	
BENUTZERNAME	
PASSWORT	
NOTIZ	

WEBSEITE	
BENUTZERNAME	
PASSWORT	
NOTIZ	

WEBSEITE	
BENUTZERNAME	
PASSWORT	
NOTIZ	

J

WEBSEITE	
BENUTZERNAME	
PASSWORT	
NOTIZ	

WEBSEITE	
BENUTZERNAME	
PASSWORT	
NOTIZ	

WEBSEITE	
BENUTZERNAME	
PASSWORT	
NOTIZ	

WEBSEITE	
BENUTZERNAME	
PASSWORT	
NOTIZ	

J

WEBSEITE	
BENUTZERNAME	
PASSWORT	
NOTIZ	

WEBSEITE	
BENUTZERNAME	
PASSWORT	
NOTIZ	

WEBSEITE	
BENUTZERNAME	
PASSWORT	
NOTIZ	

WEBSEITE	
BENUTZERNAME	
PASSWORT	
NOTIZ	

J

WEBSEITE	
BENUTZERNAME	
PASSWORT	
NOTIZ	

WEBSEITE	
BENUTZERNAME	
PASSWORT	
NOTIZ	

WEBSEITE	
BENUTZERNAME	
PASSWORT	
NOTIZ	

WEBSEITE	
BENUTZERNAME	
PASSWORT	
NOTIZ	

K

WEBSEITE	
BENUTZERNAME	
PASSWORT	
NOTIZ	

WEBSEITE	
BENUTZERNAME	
PASSWORT	
NOTIZ	

WEBSEITE	
BENUTZERNAME	
PASSWORT	
NOTIZ	

WEBSEITE	
BENUTZERNAME	
PASSWORT	
NOTIZ	

K

WEBSEITE	
BENUTZERNAME	
PASSWORT	
NOTIZ	

WEBSEITE	
BENUTZERNAME	
PASSWORT	
NOTIZ	

WEBSEITE	
BENUTZERNAME	
PASSWORT	
NOTIZ	

WEBSEITE	
BENUTZERNAME	
PASSWORT	
NOTIZ	

K

WEBSEITE	
BENUTZERNAME	
PASSWORT	
NOTIZ	

WEBSEITE	
BENUTZERNAME	
PASSWORT	
NOTIZ	

WEBSEITE	
BENUTZERNAME	
PASSWORT	
NOTIZ	

WEBSEITE	
BENUTZERNAME	
PASSWORT	
NOTIZ	

K

WEBSEITE	
BENUTZERNAME	
PASSWORT	
NOTIZ	

WEBSEITE	
BENUTZERNAME	
PASSWORT	
NOTIZ	

WEBSEITE	
BENUTZERNAME	
PASSWORT	
NOTIZ	

WEBSEITE	
BENUTZERNAME	
PASSWORT	
NOTIZ	

L

WEBSEITE	
BENUTZERNAME	
PASSWORT	
NOTIZ	

WEBSEITE	
BENUTZERNAME	
PASSWORT	
NOTIZ	

WEBSEITE	
BENUTZERNAME	
PASSWORT	
NOTIZ	

WEBSEITE	
BENUTZERNAME	
PASSWORT	
NOTIZ	

L

WEBSEITE	
BENUTZERNAME	
PASSWORT	
NOTIZ	

WEBSEITE	
BENUTZERNAME	
PASSWORT	
NOTIZ	

WEBSEITE	
BENUTZERNAME	
PASSWORT	
NOTIZ	

WEBSEITE	
BENUTZERNAME	
PASSWORT	
NOTIZ	

L

WEBSEITE	
BENUTZERNAME	
PASSWORT	
NOTIZ	

WEBSEITE	
BENUTZERNAME	
PASSWORT	
NOTIZ	

WEBSEITE	
BENUTZERNAME	
PASSWORT	
NOTIZ	

WEBSEITE	
BENUTZERNAME	
PASSWORT	
NOTIZ	

L

WEBSEITE	
BENUTZERNAME	
PASSWORT	
NOTIZ	

WEBSEITE	
BENUTZERNAME	
PASSWORT	
NOTIZ	

WEBSEITE	
BENUTZERNAME	
PASSWORT	
NOTIZ	

WEBSEITE	
BENUTZERNAME	
PASSWORT	
NOTIZ	

M

WEBSEITE	
BENUTZERNAME	
PASSWORT	
NOTIZ	

WEBSEITE	
BENUTZERNAME	
PASSWORT	
NOTIZ	

WEBSEITE	
BENUTZERNAME	
PASSWORT	
NOTIZ	

WEBSEITE	
BENUTZERNAME	
PASSWORT	
NOTIZ	

M

WEBSEITE	
BENUTZERNAME	
PASSWORT	
NOTIZ	

WEBSEITE	
BENUTZERNAME	
PASSWORT	
NOTIZ	

WEBSEITE	
BENUTZERNAME	
PASSWORT	
NOTIZ	

WEBSEITE	
BENUTZERNAME	
PASSWORT	
NOTIZ	

WEBSEITE	
BENUTZERNAME	
PASSWORT	
NOTIZ	

WEBSEITE	
BENUTZERNAME	
PASSWORT	
NOTIZ	

WEBSEITE	
BENUTZERNAME	
PASSWORT	
NOTIZ	

WEBSEITE	
BENUTZERNAME	
PASSWORT	
NOTIZ	

M

WEBSEITE	
BENUTZERNAME	
PASSWORT	
NOTIZ	

WEBSEITE	
BENUTZERNAME	
PASSWORT	
NOTIZ	

WEBSEITE	
BENUTZERNAME	
PASSWORT	
NOTIZ	

WEBSEITE	
BENUTZERNAME	
PASSWORT	
NOTIZ	

N

WEBSEITE	
BENUTZERNAME	
PASSWORT	
NOTIZ	

WEBSEITE	
BENUTZERNAME	
PASSWORT	
NOTIZ	

WEBSEITE	
BENUTZERNAME	
PASSWORT	
NOTIZ	

WEBSEITE	
BENUTZERNAME	
PASSWORT	
NOTIZ	

N

WEBSEITE	
BENUTZERNAME	
PASSWORT	
NOTIZ	

WEBSEITE	
BENUTZERNAME	
PASSWORT	
NOTIZ	

WEBSEITE	
BENUTZERNAME	
PASSWORT	
NOTIZ	

WEBSEITE	
BENUTZERNAME	
PASSWORT	
NOTIZ	

N

WEBSEITE	
BENUTZERNAME	
PASSWORT	
NOTIZ	

WEBSEITE	
BENUTZERNAME	
PASSWORT	
NOTIZ	

WEBSEITE	
BENUTZERNAME	
PASSWORT	
NOTIZ	

WEBSEITE	
BENUTZERNAME	
PASSWORT	
NOTIZ	

N

WEBSEITE	
BENUTZERNAME	
PASSWORT	
NOTIZ	

WEBSEITE	
BENUTZERNAME	
PASSWORT	
NOTIZ	

WEBSEITE	
BENUTZERNAME	
PASSWORT	
NOTIZ	

WEBSEITE	
BENUTZERNAME	
PASSWORT	
NOTIZ	

<table>
<tr><td>WEBSEITE</td><td></td></tr>
<tr><td>BENUTZERNAME</td><td></td></tr>
<tr><td>PASSWORT</td><td></td></tr>
<tr><td>NOTIZ</td><td></td></tr>
</table>

<table>
<tr><td>WEBSEITE</td><td></td></tr>
<tr><td>BENUTZERNAME</td><td></td></tr>
<tr><td>PASSWORT</td><td></td></tr>
<tr><td>NOTIZ</td><td></td></tr>
</table>

<table>
<tr><td>WEBSEITE</td><td></td></tr>
<tr><td>BENUTZERNAME</td><td></td></tr>
<tr><td>PASSWORT</td><td></td></tr>
<tr><td>NOTIZ</td><td></td></tr>
</table>

<table>
<tr><td>WEBSEITE</td><td></td></tr>
<tr><td>BENUTZERNAME</td><td></td></tr>
<tr><td>PASSWORT</td><td></td></tr>
<tr><td>NOTIZ</td><td></td></tr>
</table>

WEBSEITE	
BENUTZERNAME	
PASSWORT	
NOTIZ	

WEBSEITE	
BENUTZERNAME	
PASSWORT	
NOTIZ	

WEBSEITE	
BENUTZERNAME	
PASSWORT	
NOTIZ	

WEBSEITE	
BENUTZERNAME	
PASSWORT	
NOTIZ	

WEBSEITE	
BENUTZERNAME	
PASSWORT	
NOTIZ	

WEBSEITE	
BENUTZERNAME	
PASSWORT	
NOTIZ	

WEBSEITE	
BENUTZERNAME	
PASSWORT	
NOTIZ	

WEBSEITE	
BENUTZERNAME	
PASSWORT	
NOTIZ	

WEBSEITE	
BENUTZERNAME	
PASSWORT	
NOTIZ	

WEBSEITE	
BENUTZERNAME	
PASSWORT	
NOTIZ	

WEBSEITE	
BENUTZERNAME	
PASSWORT	
NOTIZ	

WEBSEITE	
BENUTZERNAME	
PASSWORT	
NOTIZ	

P

WEBSEITE	
BENUTZERNAME	
PASSWORT	
NOTIZ	

WEBSEITE	
BENUTZERNAME	
PASSWORT	
NOTIZ	

WEBSEITE	
BENUTZERNAME	
PASSWORT	
NOTIZ	

WEBSEITE	
BENUTZERNAME	
PASSWORT	
NOTIZ	

P

WEBSEITE	
BENUTZERNAME	
PASSWORT	
NOTIZ	

WEBSEITE	
BENUTZERNAME	
PASSWORT	
NOTIZ	

WEBSEITE	
BENUTZERNAME	
PASSWORT	
NOTIZ	

WEBSEITE	
BENUTZERNAME	
PASSWORT	
NOTIZ	

P

WEBSEITE	
BENUTZERNAME	
PASSWORT	
NOTIZ	

WEBSEITE	
BENUTZERNAME	
PASSWORT	
NOTIZ	

WEBSEITE	
BENUTZERNAME	
PASSWORT	
NOTIZ	

WEBSEITE	
BENUTZERNAME	
PASSWORT	
NOTIZ	

P

WEBSEITE	
BENUTZERNAME	
PASSWORT	
NOTIZ	

WEBSEITE	
BENUTZERNAME	
PASSWORT	
NOTIZ	

WEBSEITE	
BENUTZERNAME	
PASSWORT	
NOTIZ	

WEBSEITE	
BENUTZERNAME	
PASSWORT	
NOTIZ	

Q

WEBSEITE	
BENUTZERNAME	
PASSWORT	
NOTIZ	

WEBSEITE	
BENUTZERNAME	
PASSWORT	
NOTIZ	

WEBSEITE	
BENUTZERNAME	
PASSWORT	
NOTIZ	

WEBSEITE	
BENUTZERNAME	
PASSWORT	
NOTIZ	

Q

WEBSEITE	
BENUTZERNAME	
PASSWORT	
NOTIZ	

WEBSEITE	
BENUTZERNAME	
PASSWORT	
NOTIZ	

WEBSEITE	
BENUTZERNAME	
PASSWORT	
NOTIZ	

WEBSEITE	
BENUTZERNAME	
PASSWORT	
NOTIZ	

Q

WEBSEITE	
BENUTZERNAME	
PASSWORT	
NOTIZ	

WEBSEITE	
BENUTZERNAME	
PASSWORT	
NOTIZ	

WEBSEITE	
BENUTZERNAME	
PASSWORT	
NOTIZ	

WEBSEITE	
BENUTZERNAME	
PASSWORT	
NOTIZ	

Q

WEBSEITE	
BENUTZERNAME	
PASSWORT	
NOTIZ	

WEBSEITE	
BENUTZERNAME	
PASSWORT	
NOTIZ	

WEBSEITE	
BENUTZERNAME	
PASSWORT	
NOTIZ	

WEBSEITE	
BENUTZERNAME	
PASSWORT	
NOTIZ	

R

WEBSEITE	
BENUTZERNAME	
PASSWORT	
NOTIZ	

WEBSEITE	
BENUTZERNAME	
PASSWORT	
NOTIZ	

WEBSEITE	
BENUTZERNAME	
PASSWORT	
NOTIZ	

WEBSEITE	
BENUTZERNAME	
PASSWORT	
NOTIZ	

R

WEBSEITE	
BENUTZERNAME	
PASSWORT	
NOTIZ	

WEBSEITE	
BENUTZERNAME	
PASSWORT	
NOTIZ	

WEBSEITE	
BENUTZERNAME	
PASSWORT	
NOTIZ	

WEBSEITE	
BENUTZERNAME	
PASSWORT	
NOTIZ	

R

WEBSEITE	
BENUTZERNAME	
PASSWORT	
NOTIZ	

WEBSEITE	
BENUTZERNAME	
PASSWORT	
NOTIZ	

WEBSEITE	
BENUTZERNAME	
PASSWORT	
NOTIZ	

WEBSEITE	
BENUTZERNAME	
PASSWORT	
NOTIZ	

R

WEBSEITE	
BENUTZERNAME	
PASSWORT	
NOTIZ	

WEBSEITE	
BENUTZERNAME	
PASSWORT	
NOTIZ	

WEBSEITE	
BENUTZERNAME	
PASSWORT	
NOTIZ	

WEBSEITE	
BENUTZERNAME	
PASSWORT	
NOTIZ	

S

WEBSEITE	
BENUTZERNAME	
PASSWORT	
NOTIZ	

WEBSEITE	
BENUTZERNAME	
PASSWORT	
NOTIZ	

WEBSEITE	
BENUTZERNAME	
PASSWORT	
NOTIZ	

WEBSEITE	
BENUTZERNAME	
PASSWORT	
NOTIZ	

S

WEBSEITE	
BENUTZERNAME	
PASSWORT	
NOTIZ	

WEBSEITE	
BENUTZERNAME	
PASSWORT	
NOTIZ	

WEBSEITE	
BENUTZERNAME	
PASSWORT	
NOTIZ	

WEBSEITE	
BENUTZERNAME	
PASSWORT	
NOTIZ	

S

WEBSEITE	
BENUTZERNAME	
PASSWORT	
NOTIZ	

WEBSEITE	
BENUTZERNAME	
PASSWORT	
NOTIZ	

WEBSEITE	
BENUTZERNAME	
PASSWORT	
NOTIZ	

WEBSEITE	
BENUTZERNAME	
PASSWORT	
NOTIZ	

S

WEBSEITE	
BENUTZERNAME	
PASSWORT	
NOTIZ	

WEBSEITE	
BENUTZERNAME	
PASSWORT	
NOTIZ	

WEBSEITE	
BENUTZERNAME	
PASSWORT	
NOTIZ	

WEBSEITE	
BENUTZERNAME	
PASSWORT	
NOTIZ	

T

WEBSEITE	
BENUTZERNAME	
PASSWORT	
NOTIZ	

WEBSEITE	
BENUTZERNAME	
PASSWORT	
NOTIZ	

WEBSEITE	
BENUTZERNAME	
PASSWORT	
NOTIZ	

WEBSEITE	
BENUTZERNAME	
PASSWORT	
NOTIZ	

T

WEBSEITE	
BENUTZERNAME	
PASSWORT	
NOTIZ	

WEBSEITE	
BENUTZERNAME	
PASSWORT	
NOTIZ	

WEBSEITE	
BENUTZERNAME	
PASSWORT	
NOTIZ	

WEBSEITE	
BENUTZERNAME	
PASSWORT	
NOTIZ	

T

WEBSEITE	
BENUTZERNAME	
PASSWORT	
NOTIZ	

WEBSEITE	
BENUTZERNAME	
PASSWORT	
NOTIZ	

WEBSEITE	
BENUTZERNAME	
PASSWORT	
NOTIZ	

WEBSEITE	
BENUTZERNAME	
PASSWORT	
NOTIZ	

T

WEBSEITE	
BENUTZERNAME	
PASSWORT	
NOTIZ	

WEBSEITE	
BENUTZERNAME	
PASSWORT	
NOTIZ	

WEBSEITE	
BENUTZERNAME	
PASSWORT	
NOTIZ	

WEBSEITE	
BENUTZERNAME	
PASSWORT	
NOTIZ	

U

WEBSEITE	
BENUTZERNAME	
PASSWORT	
NOTIZ	

WEBSEITE	
BENUTZERNAME	
PASSWORT	
NOTIZ	

WEBSEITE	
BENUTZERNAME	
PASSWORT	
NOTIZ	

WEBSEITE	
BENUTZERNAME	
PASSWORT	
NOTIZ	

U

WEBSEITE	
BENUTZERNAME	
PASSWORT	
NOTIZ	

WEBSEITE	
BENUTZERNAME	
PASSWORT	
NOTIZ	

WEBSEITE	
BENUTZERNAME	
PASSWORT	
NOTIZ	

WEBSEITE	
BENUTZERNAME	
PASSWORT	
NOTIZ	

U

WEBSEITE	
BENUTZERNAME	
PASSWORT	
NOTIZ	

WEBSEITE	
BENUTZERNAME	
PASSWORT	
NOTIZ	

WEBSEITE	
BENUTZERNAME	
PASSWORT	
NOTIZ	

WEBSEITE	
BENUTZERNAME	
PASSWORT	
NOTIZ	

U

WEBSEITE	
BENUTZERNAME	
PASSWORT	
NOTIZ	

WEBSEITE	
BENUTZERNAME	
PASSWORT	
NOTIZ	

WEBSEITE	
BENUTZERNAME	
PASSWORT	
NOTIZ	

WEBSEITE	
BENUTZERNAME	
PASSWORT	
NOTIZ	

WEBSEITE	
BENUTZERNAME	
PASSWORT	
NOTIZ	

WEBSEITE	
BENUTZERNAME	
PASSWORT	
NOTIZ	

WEBSEITE	
BENUTZERNAME	
PASSWORT	
NOTIZ	

WEBSEITE	
BENUTZERNAME	
PASSWORT	
NOTIZ	

V

WEBSEITE	
BENUTZERNAME	
PASSWORT	
NOTIZ	

WEBSEITE	
BENUTZERNAME	
PASSWORT	
NOTIZ	

WEBSEITE	
BENUTZERNAME	
PASSWORT	
NOTIZ	

WEBSEITE	
BENUTZERNAME	
PASSWORT	
NOTIZ	

V

WEBSEITE	
BENUTZERNAME	
PASSWORT	
NOTIZ	

WEBSEITE	
BENUTZERNAME	
PASSWORT	
NOTIZ	

WEBSEITE	
BENUTZERNAME	
PASSWORT	
NOTIZ	

WEBSEITE	
BENUTZERNAME	
PASSWORT	
NOTIZ	

V

WEBSEITE	
BENUTZERNAME	
PASSWORT	
NOTIZ	

WEBSEITE	
BENUTZERNAME	
PASSWORT	
NOTIZ	

WEBSEITE	
BENUTZERNAME	
PASSWORT	
NOTIZ	

WEBSEITE	
BENUTZERNAME	
PASSWORT	
NOTIZ	

WEBSEITE	
BENUTZERNAME	
PASSWORT	
NOTIZ	

WEBSEITE	
BENUTZERNAME	
PASSWORT	
NOTIZ	

WEBSEITE	
BENUTZERNAME	
PASSWORT	
NOTIZ	

WEBSEITE	
BENUTZERNAME	
PASSWORT	
NOTIZ	

WEBSEITE	
BENUTZERNAME	
PASSWORT	
NOTIZ	

WEBSEITE	
BENUTZERNAME	
PASSWORT	
NOTIZ	

WEBSEITE	
BENUTZERNAME	
PASSWORT	
NOTIZ	

WEBSEITE	
BENUTZERNAME	
PASSWORT	
NOTIZ	

WEBSEITE	
BENUTZERNAME	
PASSWORT	
NOTIZ	

WEBSEITE	
BENUTZERNAME	
PASSWORT	
NOTIZ	

WEBSEITE	
BENUTZERNAME	
PASSWORT	
NOTIZ	

WEBSEITE	
BENUTZERNAME	
PASSWORT	
NOTIZ	

WEBSEITE	
BENUTZERNAME	
PASSWORT	
NOTIZ	

WEBSEITE	
BENUTZERNAME	
PASSWORT	
NOTIZ	

WEBSEITE	
BENUTZERNAME	
PASSWORT	
NOTIZ	

WEBSEITE	
BENUTZERNAME	
PASSWORT	
NOTIZ	

X

WEBSEITE	
BENUTZERNAME	
PASSWORT	
NOTIZ	

WEBSEITE	
BENUTZERNAME	
PASSWORT	
NOTIZ	

WEBSEITE	
BENUTZERNAME	
PASSWORT	
NOTIZ	

WEBSEITE	
BENUTZERNAME	
PASSWORT	
NOTIZ	

X

WEBSEITE	
BENUTZERNAME	
PASSWORT	
NOTIZ	

WEBSEITE	
BENUTZERNAME	
PASSWORT	
NOTIZ	

WEBSEITE	
BENUTZERNAME	
PASSWORT	
NOTIZ	

WEBSEITE	
BENUTZERNAME	
PASSWORT	
NOTIZ	

WEBSEITE	
BENUTZERNAME	
PASSWORT	
NOTIZ	

WEBSEITE	
BENUTZERNAME	
PASSWORT	
NOTIZ	

WEBSEITE	
BENUTZERNAME	
PASSWORT	
NOTIZ	

WEBSEITE	
BENUTZERNAME	
PASSWORT	
NOTIZ	

X

WEBSEITE	
BENUTZERNAME	
PASSWORT	
NOTIZ	

WEBSEITE	
BENUTZERNAME	
PASSWORT	
NOTIZ	

WEBSEITE	
BENUTZERNAME	
PASSWORT	
NOTIZ	

WEBSEITE	
BENUTZERNAME	
PASSWORT	
NOTIZ	

Y

WEBSEITE	
BENUTZERNAME	
PASSWORT	
NOTIZ	

WEBSEITE	
BENUTZERNAME	
PASSWORT	
NOTIZ	

WEBSEITE	
BENUTZERNAME	
PASSWORT	
NOTIZ	

WEBSEITE	
BENUTZERNAME	
PASSWORT	
NOTIZ	

Y

WEBSEITE	
BENUTZERNAME	
PASSWORT	
NOTIZ	

WEBSEITE	
BENUTZERNAME	
PASSWORT	
NOTIZ	

WEBSEITE	
BENUTZERNAME	
PASSWORT	
NOTIZ	

WEBSEITE	
BENUTZERNAME	
PASSWORT	
NOTIZ	

WEBSEITE	
BENUTZERNAME	
PASSWORT	
NOTIZ	

WEBSEITE	
BENUTZERNAME	
PASSWORT	
NOTIZ	

WEBSEITE	
BENUTZERNAME	
PASSWORT	
NOTIZ	

WEBSEITE	
BENUTZERNAME	
PASSWORT	
NOTIZ	

WEBSEITE	
BENUTZERNAME	
PASSWORT	
NOTIZ	

WEBSEITE	
BENUTZERNAME	
PASSWORT	
NOTIZ	

WEBSEITE	
BENUTZERNAME	
PASSWORT	
NOTIZ	

WEBSEITE	
BENUTZERNAME	
PASSWORT	
NOTIZ	

Z

WEBSEITE	
BENUTZERNAME	
PASSWORT	
NOTIZ	

WEBSEITE	
BENUTZERNAME	
PASSWORT	
NOTIZ	

WEBSEITE	
BENUTZERNAME	
PASSWORT	
NOTIZ	

WEBSEITE	
BENUTZERNAME	
PASSWORT	
NOTIZ	

Z

WEBSEITE	
BENUTZERNAME	
PASSWORT	
NOTIZ	

WEBSEITE	
BENUTZERNAME	
PASSWORT	
NOTIZ	

WEBSEITE	
BENUTZERNAME	
PASSWORT	
NOTIZ	

WEBSEITE	
BENUTZERNAME	
PASSWORT	
NOTIZ	

Z

WEBSEITE	
BENUTZERNAME	
PASSWORT	
NOTIZ	

WEBSEITE	
BENUTZERNAME	
PASSWORT	
NOTIZ	

WEBSEITE	
BENUTZERNAME	
PASSWORT	
NOTIZ	

WEBSEITE	
BENUTZERNAME	
PASSWORT	
NOTIZ	

Z

NOTIZEN:

NOTIZEN:

NOTIZEN:

NOTIZEN:

Impressum: Independently published
© 2020 ABC by D

Delyana Kenderlieva
10709 Berlin, DE
hello@materialgirls.de